Ludovic Kamdem

Les Clés d'une Relation Amoureuse

Les 3A : Amour, Attention, Affection

Imprint

Cover image: www.ingimage.com

Publisher:
Éditions Vie
is a trademark of
Dodo Books Indian Ocean Ltd. and OmniScriptum S.R.L publishing group

120 High Road, East Finchley, London, N2 9ED, United Kingdom
Str. Armeneasca 28/1, office 1, Chisinau MD-2012, Republic of Moldova, Europe
Printed at: see last page
ISBN: 978-613-9-59307-1

Titre : Les Clés d'une Relation Amoureuse : les 3A

Amour, Attention, Affection

LUDOVIC KAMDEM

Table des matières

Résumé en français :

Dans ce livre captivant et séduisant, nous explorons les clés pour cultiver une relation amoureuse durable et épanouissante. En mettant l'accent sur l'amour, l'attention et l'affection, nous découvrons comment ces trois éléments essentiels sont nécessaires pour nourrir et renforcer les liens amoureux.

À travers des conseils pratiques, des exemples de la vie réelle et des perspectives inspirantes d'auteurs renommés tels que Gary Chapman, Esther Perel et John Gottman, nous apprenons comment définir et cultiver une connexion profonde avec notre partenaire. Nous explorons également l'importance de la communication bienveillante, de la confiance mutuelle et de l'amour de soi pour maintenir une relation saine et équilibrée.

Nous plongeons dans l'art de l'écoute active, en comprenant comment exprimer nos sentiments et nos besoins avec empathie. Nous explorons les moments de qualité, les rituels et les gestes d'amour significatifs qui créent des souvenirs précieux et renforcent la complicité du couple.

Nous découvrons également comment satisfaire les besoins affectifs de notre partenaire en explorant les langages de l'amour et en exprimant notre affection à travers les actions et les mots. De plus, nous explorons l'importance d'une sexualité épanouie et comment nourrir le lien émotionnel au quotidien.

Enfin, nous abordons les défis auxquels nous sommes confrontés dans une relation et comment grandir ensemble en surmontant les conflits, en offrant un soutien mutuel face aux épreuves de la vie et en cultivant des habitudes et des rituels qui renforcent notre amour, notre attention et notre affection.

Ce livre est un guide passionnant et éclairant pour tous ceux qui souhaitent établir et cultiver une relation amoureuse durable, où l'amour, l'attention et l'affection s'épanouissent et se renforcent mutuellement.

In this captivating and seductive book, we explore the keys to cultivating a lasting and fulfilling romantic relationship. With a focus on love, attention, and affection, we discover how these three essential elements are necessary to nourish and strengthen the bonds of love.

Through practical advice, real-life examples, and inspiring insights from renowned authors such as Gary Chapman, Esther Perel, and John Gottman, we learn how to define and cultivate a deep connection with our partner. We also delve into the importance of compassionate communication, mutual trust, and self-love in maintaining a healthy and balanced relationship.

We delve into the art of active listening, understanding how to express our feelings and needs with empathy. We explore moments of quality, rituals, and meaningful acts of love that create precious memories and enhance the couple's bond.

We also discover how to fulfill our partner's emotional needs by exploring the love languages and expressing affection through actions and words. Additionally, we explore the significance of a fulfilling sexual life and how to nurture the emotional connection on a daily basis.

Lastly, we address the challenges encountered in relationships and how to grow together by overcoming conflicts, offering mutual support in the face of life's trials, and cultivating habits and rituals that strengthen our love, attention, and affection.

This book is an exciting and enlightening guide for anyone looking to establish and cultivate a lasting romantic relationship where love, attention, and affection thrive and reinforce each other.

Préface

L'amour. Ce mot si simple et pourtant si chargé de significations, d'émotions et d'espoirs. Depuis des millénaires, il a inspiré les poètes, fait vibrer les artistes et a été le moteur des histoires les plus belles et les plus tragiques. L'amour est à la fois une quête et une promesse, un lien mystérieux qui unit les êtres humains et les emporte dans une danse enivrante.

Dans cette quête éternelle de l'amour véritable, nous sommes nombreux à nous perdre, à trébucher et à errer dans l'obscurité des chemins de l'amour. Nous cherchons des réponses, des conseils, un guide pour nous accompagner sur cette route sinueuse parsemée d'émotions intenses et parfois déconcertantes.

C'est dans cette optique que ce livre voit le jour, comme une étreinte chaleureuse et réconfortante pour tous ceux qui désirent découvrir les clés essentielles d'une relation amoureuse épanouissante. Il n'est pas seulement un recueil de mots imprimés sur du papier, mais plutôt une boussole qui vous guidera avec douceur et sagesse vers les fondements de l'amour durable.

Laissez-vous emporter par les pages qui suivent. Vous y découvrirez des histoires poignantes, des témoignages inspirants et des conseils pratiques pour naviguer à travers les eaux parfois tumultueuses de l'amour. Ce livre est une invitation à explorer les profondeurs de votre cœur, à vous engager pleinement dans cette quête merveilleuse qui est de construire une relation amoureuse solide et épanouissante.

Il ne prétend pas détenir toutes les réponses, car chaque histoire d'amour est unique et nécessite une attention particulière. Cependant, il vous offre des outils précieux, des clés qui vous permettront d'ouvrir les portes de la communication authentique, de la confiance mutuelle et de l'épanouissement personnel.

Au fil des pages, vous découvrirez comment cultiver l'amour, comment accorder une attention sincère et comment exprimer une affection profonde à votre partenaire. Vous apprendrez à créer des moments de complicité, à gérer les conflits avec bienveillance et à embrasser les changements qui inévitablement jalonnent le parcours de l'amour.

Ce livre vous invite à réfléchir, à remettre en question vos croyances et à explorer de nouvelles perspectives. Il vous invite également à agir, à prendre des mesures concrètes pour transformer votre relation amoureuse en un véritable chef-d'œuvre, tissé de fils d'amour, d'attention et d'affection.

À travers les mots qui suivent, nous vous offrons une invitation à l'émerveillement et à la découverte. Que vous soyez en début de relation, en quête d'amour ou déjà engagé(e) dans une union, ce livre vous accompagnera avec bienveillance sur votre chemin vers une relation amoureuse épanouissante et durable.

Puissiez-vous trouver dans ces pages l'inspiration, la sagesse et les réponses que vous cherchez. Puissiez-vous vous émerveiller devant la beauté.

Introduction: À la Rencontre de l'Amour Éternel

Au creux de nos âmes, un désir brûle, une quête intemporelle qui éclaire notre chemin et guide nos pas : la recherche de l'amour éternel. Depuis la nuit des temps, les poètes, les artistes et les rêveurs ont chanté les louanges de cet amour qui transcende les frontières du temps et de l'espace. Mais qu'est-ce qui rend cet amour si profondément enchanteur, si désirable et si essentiel à nos vies ?

Bienvenue dans les méandres de ce voyage enivrant, à la découverte de l'amour sous toutes ses nuances, de l'attention qui enlace nos cœurs et de l'affection qui nourrit notre être. Dans les pages qui suivent, nous explorerons l'importance vitale de l'amour, de l'attention et de l'affection dans le tissu même d'une relation épanouissante.

Fermez les yeux et laissez votre cœur écouter attentivement le murmure de la passion qui danse dans vos veines. Car l'amour véritable ne se contente pas de flotter en surface, il se creuse dans les profondeurs de notre être, réveillant nos sens et nous rappelant notre humanité.

L'amour est une force magnétique qui nous attire irrésistiblement vers l'autre, créant un lien unique et sacré. C'est la racine qui nourrit le jardin secret de notre bonheur, la clé qui ouvre les portes de notre épanouissement. Mais pour que cet amour fleurisse et prospère, il nécessite une attention aimante et une affection sincère.

Imaginez une danse enivrante, où chaque pas est exécuté avec délicatesse et intention. Les échos de cette danse résonnent dans les mots doux, les gestes tendres et les étreintes passionnées qui s'échangent entre les amants. L'attention, tel un pinceau délicat, peint les couleurs vives de la reconnaissance, de l'écoute attentive et du soutien inconditionnel.

Et puis, il y a l'affection. Cette caresse douce qui fait fondre les barrières de la peur et de la solitude. L'affection est le langage secret des cœurs connectés, une symphonie d'émotions qui se déverse à travers les câlins chaleureux, les mots doux murmurés à l'oreille et les petites attentions qui disent : "Je suis là, je te chéris, tu es précieux/se à mes yeux."

Dans ce livre envoûtant, nous plongerons dans les eaux profondes de l'amour, de l'attention et de l'affection. Nous explorerons les nuances subtiles de ces trois piliers essentiels qui soutiennent une relation florissante et qui réveillent notre être le plus authentique.

À travers des histoires envoûtantes, des réflexions profondes et des conseils pratiques, nous vous inviterons à élargir votre vision de l'amour, à transcender les limites de votre propre expérience et à embrasser la beauté infinie de la connexion humaine.

Que vous soyez à la recherche d'un nouvel amour, en quête de renouveau dans une

Relation existante ou simplement curieux/se de découvrir les secrets de l'amour éternel, ce livre vous ouvre les portes d'un monde enchanté où l'amour, l'attention et l'affection règnent en maîtres.

Préparez-vous à être captivé(e), à être séduit(e) par les mots qui dansent sur ces pages. Ouvrez votre cœur et laissez-vous emporter par la magie de l'amour éternel, de l'attention bienveillante et de l'affection inconditionnelle. Le voyage commence maintenant, et ensemble, nous découvrirons les clés précieuses qui ouvrent les portes de l'amour épanouissant et durable.

Partie I - Cultiver l'Amour

L'amour, tel un jardin, nécessite un soin constant et une attention dévouée pour s'épanouir pleinement. Dans cette première partie de notre exploration des clés d'une relation amoureuse durable, nous plongeons au cœur de l'amour lui-même, en découvrant les fondements sur lesquels repose cette émotion puissante et transformant.

Nous commencerons par définir ce qu'est l'amour véritable, cette force magnétique qui unit deux âmes et transcende les limites du temps et de l'espace. À travers les écrits d'éminents auteurs tels que Rumi, Shakespeare et Stendhal, nous nous laisserons guider dans les méandres de ce sentiment complexe et profond.

Ensuite, nous explorerons les différentes dimensions de l'amour, des flammes passionnées de l'amour romantique à l'amour inconditionnel qui embrasse l'ensemble de l'humanité. Nous examinerons comment cultiver et nourrir cette flamme intérieure, en puisant dans des pratiques telles que la gratitude, l'acceptation et le pardon.

Nous aborderons également les notions d'affection et de tendresse, qui viennent enrichir l'amour dans une relation. Nous explorerons comment exprimer notre affection de manière authentique et sincère, en utilisant les langages de l'amour, les gestes tendres et les moments de complicité qui renforcent les liens entre les partenaires.

Enfin, nous discuterons de l'amour de soi en tant que pilier fondamental pour cultiver l'amour durable. Nous plongerons dans les écrits inspirants de grands penseurs tels que Carl Rogers et Louise Hay, qui nous rappellent l'importance de s'aimer et de prendre soin de notre être intérieur avant de pouvoir véritablement aimer et être aimé par les autres.

Au fil de cette partie, nous serons guidés par la conviction que l'amour est une force en constante évolution, qui demande notre engagement, notre ouverture et notre volonté de grandir en tant qu'individus et en tant que couple. En cultivant l'amour dans toutes ses dimensions, nous créons un terrain fertile où l'amour peut s'épanouir, résister aux épreuves du temps et rayonner de sa lumière bienveillante.

Préparez-vous à plonger dans les profondeurs de l'amour et à découvrir les clés pour cultiver une relation empreinte de cet amour qui transcende les limites et donne un sens profond à notre existence.

Chapitre 1: L'amour véritable : Définir et nourrir une connexion profonde

Au-delà des pages des romans enflammés et des chansons passionnées, se cache une vérité profonde : l'amour véritable est bien plus qu'une simple émotion éphémère. C'est une force qui transcende les frontières de notre existence, un lien sacré qui unit deux âmes en une danse envoûtante. Pour comprendre et nourrir cette connexion, nous devons plonger dans les eaux tumultueuses de la passion et explorer les rives paisibles de la complicité.

Les grands auteurs ont longtemps tenté de capturer l'essence de l'amour véritable, de Shakespeare à Neruda, de Austen à Marquez. Leurs mots nous transportent dans un tourbillon d'émotions, nous faisant ressentir la grandeur de cet amour qui transcende les limites de la réalité. Mais au-delà de la poésie, il y a une vérité profonde à découvrir.

Imaginez une jeune femme, Sarah, dans les rues animées d'une métropole moderne. Elle se fraye un chemin à travers la foule, les yeux rivés sur son téléphone portable. Ses doigts glissent sur l'écran tactile, échangeant des messages avec Alex, son partenaire. Ils se sont rencontrés par hasard lors d'une exposition d'art et depuis, leur histoire a pris une tournure captivante.

Sarah et Alex ne sont pas des personnages de fiction, mais des exemples vivants de l'amour véritable qui éclot dans le monde réel. Leur histoire est une illustration vivante de la façon dont deux individus, avec leurs rêves, leurs espoirs et leurs cicatrices, peuvent trouver un terrain commun où l'amour peut grandir et s'épanouir.

Mais qu'est-ce qui distingue cet amour véritable des passions éphémères et des feux de paille ? Comment pouvons-nous le reconnaître et le nourrir dans nos propres vies ? Pour répondre à ces questions, nous devons nous tourner vers les piliers fondamentaux qui soutiennent cette connexion profonde.

L'amour véritable repose sur la compréhension mutuelle, l'acceptation inconditionnelle et la volonté de grandir ensemble. C'est une danse complexe où chaque mouvement compte, chaque geste témoigne de l'engagement et chaque échange émotionnel approfondit les racines de l'amour.

Prenons un moment pour réfléchir aux mots sages de Rumi, le célèbre poète mystique : "Votre tâche n'est pas de chercher l'amour, mais simplement de chercher et de trouver tous les obstacles que vous avez construits contre l'amour." Ces obstacles sont souvent enracinés dans nos peurs, nos insécurités et nos attentes irréalistes. Pour cultiver un amour véritable, nous devons être prêts à faire face à ces défis intérieurs et à nous libérer des chaînes qui entravent notre épanouissement.

Nourrir une connexion profonde nécessite également un investissement conscient de notre temps et de notre énergie. Comme un jardinier attentif, nous devons arroser régulièrement les fleurs de l'amour avec des moments de qualité, des échanges sincères et des expressions d'affection. Les petits gestes de tendresse, les conversations intimes et les moments de complicité créent un écosystème fertile où l'amour peut s'épanouir.

Dans ce chapitre, nous explorerons les multiples facettes de l'amour véritable, nous plongeant dans les expériences de vie réelles et les réflexions des grands penseurs. Ensemble, nous découvrirons les clés pour définir et nourrir une connexion profonde qui transcende les limites du temps et de l'espace.

Préparez-vous à vous laisser séduire par l'univers de l'amour véritable, où les cœurs s'ouvrent et les âmes fusionnent. Ouvrez votre esprit et votre cœur, car nous allons explorer les recoins les plus intimes de cette danse enivrante qui est l'amour véritable.

Chapitre 2: Communication amoureuse : L'art de dire les mots qui enflamment

Dans les méandres de toute relation amoureuse, se tient un pilier essentiel : la communication. Comme un fil invisible qui relie les cœurs, la manière dont nous exprimons nos sentiments et nos besoins façonne la qualité de notre connexion. Pour que cette communication soit véritablement envoûtante, nous devons maîtriser l'art de dire les mots qui enflamment, ceux qui éveillent les émotions les plus profondes et établissent une connexion intime avec notre partenaire.

Penchons-nous sur un instantané de la vie active d'un couple, Clara et Maxime. Ils se retrouvent assis à une table de café, les regards brillants de complicité. Clara, plongeant dans l'océan de ses pensées, murmure les mots doux de Pablo Neruda à l'oreille de Maxime. Ses paroles, imprégnées de tendresse et de passion, éveillent une flamme qui danse dans les yeux de Maxime.

Cette scène, inspirée de la vie active, nous rappelle l'impact puissant des mots dans une relation amoureuse. Les grands écrivains, tels que Neruda et Rilke, ont su capturer l'essence de l'amour à travers leurs poèmes envoûtants. Leurs mots nous guident dans cette exploration de la communication amoureuse, nous invitant à trouver notre propre voix enflammée pour exprimer nos sentiments les plus profonds.

La communication amoureuse est bien plus qu'une simple transmission d'informations. C'est un langage subtil et complexe qui transcende les barrières du verbal et du non-verbal. C'est le langage des regards échangés, des sourires complices et des touchers délicats qui suscitent des frissons dans la peau.

Pourtant, malgré l'importance de cette communication, nous sommes souvent en proie à des défis et à des malentendus. Les mots peuvent se perdre dans le tumulte de nos émotions, et nos besoins peuvent rester inexprimés, laissant place à la confusion et à la frustration.

C'est pourquoi il est crucial de cultiver une communication amoureuse bienveillante et ouverte. Lorsque nous exprimons nos sentiments et nos besoins avec attention et respect, nous créons un espace sacré où la magie de l'amour peut prospérer.

En puisant dans les enseignements de Marshall Rosenberg, créateur de la Communication Non-violente, nous apprenons à écouter activement, à exprimer nos émotions avec authenticité et à formuler nos besoins de manière constructive. En convoquant les auteurs de la vie active, nous découvrons des histoires inspirantes où des couples ont trouvé la clé pour s'exprimer avec bienveillance, ravivant ainsi la flamme de leur relation.

Dans ce chapitre envoûtant, nous plongerons dans les subtilités de la communication amoureuse. Nous explorerons les moyens de développer une écoute profonde, d'exprimer nos sentiments avec délicatesse et d'identifier et satisfaire les besoins de notre partenaire. À travers des anecdotes de la vie réelle et des exemples littéraires, nous serons guidés sur le chemin de l'expression

Amoureuse, où chaque mot prononcé sera une étincelle capable d'enflammer les cœurs.

Préparez-vous à vous immerger dans l'art captivant de la communication amoureuse. Préparez-vous à être séduit(e) par le pouvoir des mots, des gestes et des regards qui peuvent transcender les frontières de la distance et raviver la passion dans une relation.

Chapitre 3: Construire la confiance : L'édifice solide de l'amour éternel

Au cœur de toute relation amoureuse durable se trouve un pilier fondamental : la confiance. Comme une fondation solide sur laquelle repose un édifice majestueux, la confiance nourrit l'amour et permet à la relation de s'épanouir. Pour comprendre et cultiver cette confiance, nous devons explorer les profondeurs de l'âme humaine et les enseignements des grands auteurs qui ont scruté les méandres de la confiance.

Imaginez un instant deux amants, Éloïse et Julien, se tenant sur le bord d'une falaise surplombant un océan tumultueux. Ils se regardent intensément, prêts à se lancer dans les vagues de l'amour, mais une question persiste dans leurs regards : "Puis-je te faire confiance ?" Leur voyage vers un amour durable commence par la construction de ce précieux pilier.

Des auteurs tels que Paulo Coelho et Khalil Gibran ont sondé les profondeurs de la confiance et ont offert des perspectives éclairantes sur sa nature complexe. Leurs mots, tels des échos venus d'une époque révolue, nous guident dans notre quête de compréhension et nous inspirent à construire une confiance solide, capable de résister aux tempêtes de la vie.

La confiance, tout comme la construction d'un édifice, demande du temps, des efforts et une vision claire. Elle est construite sur des piliers tels que l'authenticité, la transparence et l'engagement mutuel. Lorsque ces éléments fondamentaux sont en place, la confiance peut s'élever comme une tour majestueuse, offrant un refuge sûr dans les moments de doute et de vulnérabilité.

Pourtant, la confiance peut être fragile, vulnérable aux blessures et aux trahisons. Dans les pages de ce chapitre, nous explorerons les enseignements de Brené Brown, psychologue renommée, qui nous rappelle que la vulnérabilité est un acte de courage et une voie vers la construction de la confiance. Nous découvrirons également des histoires de la vie active, où des couples ont traversé des épreuves pour reconstruire la confiance, renforçant ainsi les fondations de leur amour.

Dans notre quête de confiance, nous apprendrons à écouter notre intuition, à exprimer nos besoins avec bienveillance et à créer un espace où la vulnérabilité est accueillie avec respect et compréhension. Nous puiserons dans les ressources des auteurs et des illustrateurs de la vie active pour trouver des exemples concrets de la construction de la confiance, où chaque brique posée est un acte d'amour qui solidifie l'édifice de l'amour durable.

Préparez-vous à plonger dans les profondeurs de la confiance, où les mots résonnent comme des échos d'un temps révolu et les histoires réelles révèlent les défis et les triomphes de la construction de la confiance. Soyez prêt(e) à vous laisser séduire par la vision envoûtante d'un amour nourri par une confiance indestructible, où chaque regard échangé est un pas de plus vers l'éternité.

Chapitre 4: L'amour de soi : L'art de s'épanouir pour mieux aimer l'autre

Dans les dédales mystérieux de l'amour, une vérité fondamentale se révèle : pour aimer pleinement l'autre, nous devons d'abord apprendre à nous aimer nous-mêmes. L'amour de soi est une clé essentielle qui ouvre les portes de l'amour inconditionnel et de l'épanouissement dans une relation. Dans ce chapitre, nous plongerons dans les eaux scintillantes de l'amour de soi, convoquant les voix des grands auteurs et les illustrations de la vie active.

Imaginons une femme, Camille, se tenant devant le miroir d'une chambre élégamment aménagée. Elle contemple son reflet avec une tendresse infinie, se perdant dans les méandres de son être intérieur. C'est dans ces moments de connexion profonde avec elle-même que l'amour de soi s'épanouit, rayonnant de sa personne et touchant les âmes des autres.

Des auteurs tels que Louise Hay et Eckhart Tolle ont exploré les chemins sinueux de l'amour de soi, nous invitant à plonger dans les eaux profondes de notre être et à embrasser notre unicité avec tendresse. Leurs mots résonnent comme des mélodies envoûtantes, nous rappelant que l'amour de soi est le fondement sur lequel repose tout amour véritable.

L'amour de soi est bien plus qu'un simple égoïsme ou un narcissisme débridé. C'est un acte d'amour sacré envers nous-mêmes, où nous nous engageons à prendre soin de notre bien-être physique, émotionnel et spirituel. C'est en nourrissant notre propre flamme intérieure que nous pouvons allumer les brasiers de l'amour pour les autres.

Dans ce chapitre, nous explorerons les moyens de cultiver l'amour de soi, en embrassant nos forces et nos faiblesses, en pratiquant l'auto-compassion et en nous libérant des jugements et des attentes démesurées. Nous puiserons dans les enseignements de Rumi et Osho, des maîtres spirituels qui ont illuminé le chemin de l'amour de soi avec leurs mots sages.

Nous découvrirons également des histoires inspirantes de la vie active, où des individus ont fait face à leurs démons intérieurs, ont guéri leurs blessures et ont élevé leur estime de soi pour devenir des partenaires aimants et épanouis.

En embrassant l'amour de soi, nous apprenons à nous accorder la valeur que nous méritons, à établir des limites saines et à cultiver la confiance en nous-mêmes. Nous devenons des amants plus authentiques, capables de partager notre amour sans condition avec notre partenaire.

Préparez-vous à plonger dans le monde envoûtant de l'amour de soi, où les mots des auteurs résonnent comme des hymnes à la liberté intérieure et où les histoires de la vie réelle nous rappellent que l'amour de soi est un voyage continu. Soyez prêt

(e) à vous laisser séduire par la douce mélodie de votre propre être, car c'est là que réside la clé pour aimer pleinement l'autre.

Partie II: Pratiquer l'Attention : L'art de se connecter profondément

Dans notre quête d'une relation amoureuse durable, il est essentiel de consacrer du temps et de l'énergie à pratiquer l'attention, cette capacité à se connecter profondément à notre partenaire. Alors que le monde tourbillonne autour de nous, rempli de distractions et de sollicitations constantes, il devient impératif de cultiver cet art subtil de l'attention pour nourrir l'amour et renforcer le lien qui nous unit.

Imaginez un moment fugace entre deux amants, Alice et Thomas, assis côte à côte sur un banc au milieu d'un parc animé. Le monde qui les entoure s'estompe alors que leur attention est entièrement captivée par l'autre. Chaque mot prononcé, chaque geste esquissé est empreint d'une présence totale. C'est dans cet espace magique de l'attention mutuelle que la connexion profonde fleurit.

Dans cette deuxième partie captivante, nous explorerons les multiples dimensions de l'attention et son impact sur une relation amoureuse épanouissante. Nous convoquerons les voix des sages et des auteurs contemporains, ainsi que des illustrations de la vie active, pour découvrir comment pratiquer l'attention de manière intentionnelle et bienveillante.

L'attention est bien plus qu'un simple acte de présence physique. C'est une attitude intérieure qui requiert à la fois ouverture d'esprit et sensibilité émotionnelle. C'est l'art de se détourner des distractions extérieures pour être pleinement présent à l'autre, en écoutant attentivement ses paroles, en observant ses expressions et en ressentant ses émotions.

Dans ce chapitre envoûtant, nous explorerons les enseignements de Thich Nhat Hanh, maître zen vénéré, qui nous invite à embrasser la pleine conscience dans nos interactions quotidiennes. Nous découvrirons également des histoires inspirantes de couples qui ont intégré la pratique de l'attention dans leur relation, créant ainsi des moments de magie et de connexion profonde.

Nous apprendrons à développer notre écoute active, à cultiver la présence consciente et à exprimer notre amour avec une attention bienveillante. En pratiquant l'attention, nous ouvrons la porte à la compréhension mutuelle, à l'empathie et à la reconnaissance des besoins de notre partenaire.

Préparez-vous à plonger dans l'univers envoûtant de l'attention, où chaque instant devient une occasion de se connecter plus profondément à l'être cher. Préparez-vous à vous laisser séduire par la magie de l'attention mutuelle, où les regards se croisent et les âmes se rejoignent dans une danse intime de l'amour.

Chapitre 5 : L'art de l'écoute active : Comprendre et valoriser son partenaire

Au sein d'une relation amoureuse épanouissante, l'écoute active joue un rôle essentiel. C'est l'art de se plonger pleinement dans le monde de l'autre, de comprendre ses pensées, ses émotions et ses besoins les plus profonds. Dans ce chapitre, nous découvrirons comment maîtriser cet art subtil de l'écoute active, en créant un espace où notre partenaire se sentira compris et valorisé.

Imaginez une scène douce et chaleureuse, où deux âmes, Alice et Thomas, se retrouvent face à face. Dans le creux de leurs regards, une promesse silencieuse d'écoute sincère se forme. Alice s'exprime avec douceur, partageant ses joies et ses peines, tandis que Thomas, avec une attention sans faille, absorbe chaque mot, chaque nuance émotionnelle. C'est dans cette danse de l'écoute active que la magie opère, où la connexion profonde se tisse.

Pour comprendre et valoriser notre partenaire à travers l'écoute active, nous puiserons dans les enseignements de Carl Rogers, célèbre psychologue humaniste, qui a mis en avant l'empathie et l'écoute active comme des éléments clés de la relation d'aide. Nous explorerons également des récits inspirants de personnes réelles qui ont intégré l'écoute active dans leur vie amoureuse, transformant ainsi leur relation.

L'écoute active ne consiste pas simplement à entendre les mots prononcés, mais à plonger dans les profondeurs de la signification, à ressentir les émotions sous-jacentes et à faire preuve d'empathie véritable. C'est un acte de générosité et de disponibilité, où nous mettons de côté nos préoccupations personnelles pour nous ouvrir pleinement à l'autre.

Dans ce chapitre captivant, nous apprendrons les techniques de base de l'écoute active, telles que la reformulation, la clarification et le reflet émotionnel. Nous découvrirons comment créer un espace sûr et bienveillant où notre partenaire se sentira libre de s'exprimer sans jugement ni interruption. Nous explorerons également les pièges courants de la communication et comment les éviter pour favoriser une écoute véritablement active.

Lorsque nous pratiquons l'écoute active, nous donnons à notre partenaire le précieux cadeau de se sentir entendu, compris et valorisé. Nous tissons les fils invisibles de la confiance et de l'intimité, renforçant ainsi les fondations de notre relation.

Préparez-vous à vous immerger dans l'art envoûtant de l'écoute active, où chaque instant d'attention est une pierre précieuse qui construit un pont entre les âmes. Préparez-vous à vous laisser captiver par la beauté de la connexion profonde et à découvrir les richesses insoupçonnées qui émergent lorsque nous accordons à notre partenaire le don de notre écoute active.

Chapitre 6 : Moments de qualité : Créer des souvenirs ensemble et cultiver la complicité

Au cœur d'une relation amoureuse épanouissante se trouve la magie des moments de qualité partagés. Ce sont ces instants précieux où nous nous connectons véritablement avec notre partenaire, où nous créons des souvenirs qui resteront gravés dans nos cœurs pour toujours. Dans ce chapitre, nous explorerons l'art de cultiver des moments de qualité, en créant une complicité profonde et en nourrissant l'amour qui nous unit.

Imaginez une scène enchanteresse, où deux âmes, Alice et Thomas, se perdent dans les lueurs dorées du coucher de soleil. Main dans la main, ils explorent des chemins inconnus, partageant des rires complices et des conversations profondes. C'est dans ces moments de qualité que la complicité fleurit, où le temps s'arrête et où leur amour s'épanouit.

Pour créer des souvenirs inoubliables et cultiver la complicité, nous puiserons dans les enseignements de John Gottman, renommé psychologue et chercheur dans le domaine des relations amoureuses. Nous explorerons également des histoires inspirantes de couples réels qui ont su cultiver des moments de qualité, donnant vie à des expériences mémorables.

Les moments de qualité ne sont pas nécessairement complexes ou coûteux. Ils résident dans la simplicité des gestes tendres, des conversations profondes et de la présence authentique. C'est l'art de se déconnecter du monde extérieur et de se plonger pleinement dans la réalité partagée avec notre partenaire.

Dans ce chapitre captivant, nous découvrirons des idées créatives pour créer des moments de qualité, que ce soit à travers des escapades romantiques, des soirées à thème, des activités communes ou simplement des instants calmes de partage. Nous explorerons également comment cultiver une écoute profonde et une présence sincère, afin que chaque moment soit imprégné d'une connexion authentique.

En créant des souvenirs ensemble et en cultivant la complicité, nous nourrissons l'amour et la passion dans notre relation. Nous renforçons les liens qui nous unissent, créant ainsi une base solide pour affronter les défis et les épreuves de la vie.

Préparez-vous à vous plonger dans l'univers des moments de qualité, où chaque instant devient une occasion de se connecter plus profondément avec l'être cher. Préparez-vous à ressentir l'émerveillement des souvenirs qui se tissent, à savourer chaque moment partagé et à cultiver une complicité qui transcende le temps.

Chapitre 7 : Moments de qualité : Créer des souvenirs ensemble et cultiver la complicité

"L'amour est fait de moments, et les moments sont ce que nous emportons avec nous" - Nicholas Sparks

Dans notre quête de relations amoureuses durables et épanouissantes, il est essentiel de créer des moments de qualité avec notre partenaire. Ce sont ces instants précieux où nous nous échappons du tourbillon de la vie quotidienne pour nous plonger dans une bulle d'intimité et de complicité. Dans ce chapitre, nous explorerons l'art de cultiver des moments de qualité, en puisant dans les enseignements d'éminents auteurs et en découvrant des récits inspirants de couples qui ont su tisser des souvenirs inoubliables.

Dans son ouvrage intemporel, "Le Petit Prince", Antoine de Saint-Exupéry nous rappelle l'importance des moments partagés, affirmant que "On ne voit bien qu'avec le cœur. L'essentiel est invisible pour les yeux". C'est dans ces moments de qualité que nous voyons avec notre cœur, que nous créons des souvenirs qui restent gravés dans nos âmes.

Pour comprendre l'importance de ces moments et apprendre à les cultiver, nous nous tournerons vers les écrits de John Gottman, psychologue de renom et auteur de "The Seven Principles for Making Marriage Work". À travers ses recherches approfondies, Gottman a identifié les moments de qualité comme l'un des piliers fondamentaux d'une relation amoureuse épanouissante.

Dans ce chapitre envoûtant, nous découvrirons comment créer des moments de qualité significatifs, en accordant une attention particulière à l'écoute active et à la présence authentique. Nous explorerons les conseils de Gary Chapman, auteur de "Les 5 langages de l'amour", pour comprendre les différentes façons dont nous pouvons exprimer notre amour à travers ces instants précieux.

Nous plongerons également dans les récits captivants de couples réels qui ont su cultiver des moments de qualité, des aventures romantiques aux petites joies du quotidien. Leurs expériences nous guideront dans la création de souvenirs uniques et mémorables, renforçant ainsi la complicité et l'amour qui nous unissent.

Au fil des pages, nous apprendrons à accorder une attention particulière aux détails, à saisir les opportunités de créer des moments de qualité même dans les moments les plus simples, et à nourrir la flamme de l'amour à travers des gestes tendres et des surprises inattendues. Nous découvrirons comment la complicité grandit lorsque nous sommes véritablement présents l'un pour l'autre, partageant nos joies, nos rêves et nos vulnérabilités.

Préparez-vous à vous immerger dans l'univers des moments de qualité, où chaque instant devient une œuvre d'art en soi. Préparez-vous à tisser une toile de souvenirs précieux avec votre partenaire, à créer une complicité qui transcende le temps et à cultiver un amour profondément enraciné dans ces moments qui font battre nos cœurs.

Chapitre 8: La présence attentive : Être pleinement présent pour son/sa partenaire

"La chose la plus précieuse que nous puissions offrir à quelqu'un est notre présence. Lorsque notre présence est forte, nous n'avons pas besoin de mots pour dire à l'autre : je t'aime." - Thich Nhat Hanh

Dans notre monde moderne, où les distractions abondent et où notre attention est constamment sollicitée, la présence attentive devient un véritable art. Être pleinement présent pour notre partenaire est un cadeau inestimable que nous pouvons lui offrir, car c'est dans ces instants de connexion authentique que l'amour s'épanouit. Dans ce chapitre, nous explorerons les enseignements d'auteurs renommés et les récits inspirants de couples réels pour comprendre l'importance de la présence attentive et apprendre à l'incarner dans notre relation.

Dans son ouvrage "Le Pouvoir du Moment Présent", Eckhart Tolle nous guide vers une conscience plus profonde de l'instant présent. Il souligne que la véritable intimité et la profondeur des relations se trouvent dans notre capacité à être pleinement présents, à écouter avec notre cœur et à ressentir chaque nuance émotionnelle qui se déploie entre nous et notre partenaire.

Pour comprendre et développer cette présence attentive, nous nous tournerons également vers les enseignements de Brené Brown, une chercheuse et auteure réputée dans le domaine de la vulnérabilité et de l'intimité. À travers ses travaux, elle met en évidence l'importance d'être authentiquement présent pour notre partenaire, en créant un espace où il ou elle se sent écouté(e), compris(e) et accepté(e) dans sa totalité.

Dans ce chapitre captivant, nous explorerons des techniques et des exercices pratiques pour cultiver la présence attentive. Nous apprendrons à être pleinement présents dans nos conversations, en écoutant activement, en posant des questions ouvertes et en exprimant notre compréhension et notre soutien. Nous découvrirons également l'art de la présence silencieuse, où notre simple présence physique peut apporter réconfort et connexion profonde.

À travers des récits inspirants de couples qui ont intégré la présence attentive dans leur vie amoureuse, nous serons témoins de l'impact transformateur de cette pratique. Des moments de complicité partagée, des discussions profondes, des gestes attentionnés et des moments de silence empreints de connexion nous guideront dans notre quête d'être pleinement présents pour notre partenaire.

Préparez-vous à plonger dans l'océan de la présence attentive, où chaque souffle devient une danse d'amour et d'attention partagée. Préparez-vous à ouvrir votre cœur, à vous immerger dans l'instant présent et à cultiver une connexion profonde avec votre partenaire, en offrant le précieux cadeau de votre présence véritable.

Chapitre 9 : La bienveillance au quotidien : Petites attentions et gestes d'amour significatifs

Au cœur d'une relation amoureuse épanouissante se trouvent les petites attentions et les gestes d'amour significatifs qui émerveillent et nourrissent l'amour entre les partenaires. Ce sont ces douces étincelles qui illuminent notre quotidien, qui rappellent à notre partenaire à quel point il/elle est précieux (se) pour nous. Dans ce chapitre, nous plongerons dans un monde empreint de bienveillance où chaque geste devient une déclaration d'amour passionnée.

Imaginez un matin enchanteur où le soleil caresse délicatement votre visage et où, en ouvrant les yeux, vous trouvez une note douce et affectueuse de votre partenaire sur votre table de chevet. Dans cette simple attention, vous ressentez un amour brûlant qui vous enveloppe, vous rappelant à quel point vous êtes chéri(e). Les petites attentions, aussi infimes soient-elles, ont le pouvoir de raviver la flamme de l'amour et de renforcer les liens qui nous unissent.

Pour explorer la magie des petites attentions et des gestes d'amour significatifs, nous nous inspirerons des écrits de Leo Buscaglia, un célèbre conférencier et auteur qui a consacré sa vie à l'étude de l'amour et des relations humaines. À travers ses mots passionnés, nous découvrirons comment chaque petite attention peut être un catalyseur de bonheur et d'épanouissement dans notre relation.

Dans ce chapitre émerveillant, nous explorerons une pléthore d'idées et d'inspirations pour manifester notre bienveillance au quotidien. Des surprises inattendues, des mots doux susurrés à l'oreille, des petits cadeaux symboliques, des gestes de tendresse et des actes de service désintéressés deviendront nos instruments de création de moments magiques. Nous serons témoins de l'impact profond que ces petites attentions peuvent avoir sur notre relation, en créant une atmosphère de chaleur et de bienveillance qui se répercute dans chaque interaction.

À travers des histoires captivantes et des illustrations vivantes, nous nous immergerons dans un univers où l'amour se traduit en actes concrets. Nous découvrirons comment nos gestes les plus modestes peuvent tisser une toile d'amour qui enlace notre partenaire, renforçant ainsi les liens de confiance, de complicité et de passion.

Préparez-vous à embrasser l'art de la bienveillance au quotidien, où chaque geste devient une symphonie d'amour et de tendresse. Préparez-vous à explorer les recoins de votre créativité et de votre cœur, à embrasser l'émerveillement des petites attentions et à cultiver un amour qui se nourrit de chaque acte d'amour significatif.

Partie III : Exprimer l'Affection

L'expression de l'affection est un langage universel qui transcende les frontières et nourrit les liens amoureux. C'est à travers ces doux échanges d'affection que nous nous connectons profondément à notre partenaire, que nous lui montrons à quel point il/elle est précieux (se) à nos yeux. Dans cette troisième partie captivante, nous plongerons dans l'art de l'expression de l'affection, où chaque mot, chaque geste et chaque toucher deviennent des messagers d'amour enflammé.

Dans le monde trépidant d'aujourd'hui, il est parfois facile de négliger l'importance de l'affection et de la tendresse dans nos relations. Pourtant, c'est dans ces instants magiques que notre amour se déploie et s'épanouit, faisant vibrer nos cœurs et ravivant la flamme de la passion. Dans cette partie, nous explorerons les différentes façons d'exprimer l'affection, en convoquant les écrits de grands auteurs et en nous inspirant de récits inspirants de couples qui ont su maîtriser cet art précieux.

Pour comprendre les multiples facettes de l'expression de l'affection, nous nous tournerons vers les enseignements de Gary Chapman, auteur de "Les 5 langages de l'amour". Chapman nous rappelle que chacun de nous a un langage de l'amour prédominant, une manière unique de recevoir et de donner de l'affection. En comprenant ces langages, nous pouvons nourrir notre relation en exprimant l'affection d'une manière qui résonne profondément chez notre partenaire.

Dans cette partie envoûtante, nous explorerons les langages de l'amour et les multiples formes d'expression de l'affection. Des mots doux murmurés à l'oreille aux étreintes envoûtantes, des actes de service attentionnés aux cadeaux symboliques, nous découvrirons comment chaque geste d'affection peut être une manifestation puissante de notre amour et de notre dévouement.

À travers des récits envoûtants et des illustrations vivantes, nous nous immergerons dans un univers où les mots se transforment en caresses et où les gestes deviennent des poèmes d'amour. Nous apprendrons à accorder une attention particulière aux besoins et aux désirs de notre partenaire, à créer des moments d'intimité et à exprimer notre affection d'une manière qui lui est la plus chère.

Préparez-vous à plonger dans le monde infini de l'expression de l'affection, où chaque mot, chaque regard et chaque geste deviennent une danse passionnée d'amour et de tendresse. Préparez-vous à découvrir les langages secrets de l'affection et à cultiver un amour qui se nourrit de chaque expression affectueuse, élevant votre relation vers des sommets inexplorés de bonheur et de complicité.

Chapitre 10 : Les langages de l'amour : Découvrir et satisfaire les besoins affectifs de son partenaire

Dans l'océan de l'amour, chaque personne parle une langue unique, une mélodie envoûtante qui résonne profondément dans son cœur. Comprendre et parler cette langue est la clé pour satisfaire les besoins affectifs de notre partenaire et créer une connexion passionnée. Dans ce chapitre séduisant, nous plongerons dans le monde des langages de l'amour, où chaque mot, chaque geste et chaque regard deviennent des instruments de satisfaction et d'épanouissement.

Lorsque nous découvrons les langages de l'amour, nous ouvrons la porte vers un nouveau niveau de compréhension et d'intimité avec notre partenaire. L'auteur renommé Gary Chapman nous guide dans cette exploration fascinante avec son ouvrage "Les 5 langages de l'amour". Chapman révèle que chacun de nous a un langage prédominant pour recevoir et donner de l'amour : les paroles valorisantes, les moments de qualité, les cadeaux, les actes de service et le toucher physique. En comprenant le langage privilégié de notre partenaire, nous pouvons lui offrir une affection qui répond véritablement à ses besoins les plus profonds.

Dans ce chapitre passionnant, nous nous aventurerons dans les différentes facettes des langages de l'amour. Nous apprendrons à décoder les signaux subtils et les expressions d'affection de notre partenaire, à travers des anecdotes captivantes et des récits inspirants de couples qui ont découvert les clés du langage amoureux.

Nous plongerons dans l'univers envoûtant des paroles valorisantes, où chaque mot prononcé devient une caresse pour l'âme de notre partenaire. Nous apprendrons à tisser des moments de qualité, à créer des souvenirs qui resteront gravés dans nos cœurs. Nous explorerons l'art de choisir des cadeaux symboliques, des présents qui révèlent notre profonde compréhension et notre amour inconditionnel. Nous découvrirons comment les actes de service désintéressés peuvent allumer les flammes de l'affection, en rendant la vie de notre partenaire plus belle et plus légère. Et enfin, nous nous abandonnerons au langage puissant du toucher, où chaque caresse et chaque étreinte deviennent une symphonie sensuelle de connexion et de désir partagé.

À travers des illustrations vibrantes et des conseils pratiques, nous apprendrons à décoder le langage secret de notre partenaire, à nourrir son cœur et son âme avec les mots et les gestes qui lui parlent le plus. Nous serons inspirés par des couples qui ont embrassé les langages de l'amour, transformant ainsi leur relation en une danse passionnée et enflammée.

Préparez-vous à plonger dans le labyrinthe des langages de l'amour, où chaque mot prononcé, chaque geste posé et chaque regard échangé deviennent une ode à l'amour. Préparez-vous à découvrir la magie de la satisfaction des besoins affectifs de votre partenaire, à créer une symphonie d'amour qui résonne dans chaque.

Chapitre 11 : Les gestes d'affection : Exprimer son amour à travers les actions

Dans l'univers de l'amour, les mots peuvent parfois être insuffisants pour exprimer l'intensité de nos sentiments. C'est là que les gestes d'affection entrent en jeu, devenant le langage privilégié de l'amour véritable. Dans ce chapitre captivant, nous explorerons la puissance des gestes d'affection, ces actes concrets qui témoignent de notre amour profond et qui nourrissent les flammes de la passion.

Les grands auteurs et poètes ont souvent souligné l'importance des actions pour exprimer l'amour. Victor Hugo affirmait que "le plus grand bonheur que l'on puisse donner à quelqu'un est le sentiment d'être aimé". Les gestes d'affection sont l'incarnation de cet amour. Ils transcendent les mots et parlent directement à l'âme de notre partenaire, créant des souvenirs inoubliables et renforçant les liens qui nous unissent.

Dans ce chapitre envoûtant, nous explorerons une myriade de gestes d'affection qui peuvent éclairer notre chemin amoureux. Des petites attentions du quotidien aux grands actes de dévouement, chaque geste compte et a le pouvoir de créer des étincelles d'amour.

Nous plongerons dans un océan d'inspiration puisée dans la vie réelle, où des couples passionnés ont découvert l'art de manifester leur amour à travers des gestes significatifs. Des surprises romantiques qui ravivent la flamme de la passion, aux actes de service désintéressés qui facilitent la vie de notre partenaire, nous découvrirons comment chaque geste peut devenir une déclaration enflammée de notre engagement et de notre affection.

À travers des anecdotes captivantes et des illustrations vibrantes, nous serons transportés dans un monde où les gestes d'affection se transforment en véritables poèmes d'amour. Nous apprendrons à créer des moments magiques, à surprendre notre partenaire avec des cadeaux symboliques qui touchent son cœur en plein vol. Nous explorerons l'importance des gestes de tendresse, des caresses, des étreintes et des baisers qui communiquent un amour sans limites.

Préparez-vous à éveiller votre créativité et votre générosité, à embrasser l'art des gestes d'affection qui feront vibrer le cœur de votre partenaire. Préparez-vous à créer une symphonie d'amour à travers chaque action, à transformer votre relation en une danse passionnée où les gestes parlent plus fort que les mots.

Dans ce chapitre séduisant, nous découvrirons que les gestes d'affection sont la clé pour nourrir l'amour et construire une relation solide et épanouissante. Alors, laissez votre cœur guider vos mains et faites de chaque geste une déclaration enflammée de votre amour infini.

Chapitre 12 : Sexualité épanouie : Cultiver l'intimité et la connexion physique dans la relation

Dans les bras de l'amour, un voyage fascinant attend ceux qui osent explorer les profondeurs de la sensualité et de la connexion physique. La sexualité épanouie est bien plus qu'un simple acte physique, c'est une danse passionnée où les corps se fondent et les âmes se rejoignent. Dans ce chapitre envoûtant, nous plongerons dans l'art de cultiver l'intimité et la connexion physique, où chaque instant devient une symphonie sensuelle de plaisir et d'amour.

Les grands écrivains et penseurs ont toujours reconnu la puissance de la sexualité dans les relations humaines. Anaïs Nin écrivait avec audace : "Le sexe est aussi une émotion dans le mouvement. C'est une danse des énergies, une fusion des esprits, une communication de l'âme". Dans ces mots, réside la vérité profonde que la sexualité épanouie est une forme d'expression ultime de l'amour, où les désirs s'entrelacent et les corps se révèlent.

Dans ce chapitre envoûtant, nous explorerons les multiples dimensions de la sexualité épanouie. Nous plongerons dans les écrits des grands maîtres de l'amour, tels que David Deida et Esther Perel, qui ont éclairé nos chemins de leurs enseignements sur la sexualité sacrée et la réconciliation des polarités.

À travers des récits passionnants et des conseils pratiques, nous apprendrons à cultiver l'intimité et la connexion physique avec notre partenaire. Nous explorerons les différentes facettes de la sensualité, en embrassant notre propre corps et en nous abandonnant à la magie des sensations. Nous découvrirons l'importance de la communication ouverte et honnête dans la chambre à coucher, où chaque mot murmuré devient une caresse pour l'âme de notre partenaire

Dans cet espace intime, nous apprendrons à écouter les désirs et les besoins de notre partenaire, à explorer ensemble de nouvelles frontières de plaisir et à nourrir la flamme de la passion. Nous découvrirons l'art de la lenteur, où chaque caresse est savourée et chaque instant est vécu pleinement. Nous explorerons les jeux de l'énergie sexuelle, en comprenant comment canaliser cette puissante force pour nourrir notre relation et élever notre conscience.

Préparez-vous à plonger dans l'extase de la sexualité épanouie, où chaque souffle devient une symphonie de plaisir et chaque toucher éveille les sens. Préparez-vous à transcender les limites du plaisir physique et à embrasser l'union de l'esprit, du corps et de l'âme dans une danse enivrante d'amour et de désir partagé.

Dans ce chapitre envoûtant, nous découvrirons que la sexualité épanouie est un cadeau précieux que nous nous offrons mutuellement, une porte ouverte vers l'intimité profonde et la connexion sacrée. Alors, laissez-vous emporter par les courants de la passion et explorez les recoins les plus secrets de votre désir, car c'est dans cet élan de partage et de vulnérabilité que vous.

Chapitre 13 : Nourrir le lien émotionnel : Exprimer son affection par les mots et les compliments.

Dans l'univers de l'amour, les mots ont un pouvoir extraordinaire. Ils sont les artisans de notre connexion émotionnelle, les messagers de notre affection et les gardiens de notre relation. Dans ce chapitre envoûtant, nous explorerons la façon dont les mots et les compliments peuvent nourrir le lien émotionnel, en créant un écho doux et chaleureux dans le cœur de notre partenaire.

Les grands auteurs et poètes ont toujours été fascinés par la magie des mots. Shakespeare écrivait : "Les mots doux sont comme le miel, doux pour l'âme et guérison pour le cœur". Et il avait raison. Les mots doux, les compliments sincères et les expressions d'affection sont autant de petites touches délicates qui illuminent notre relation.

Dans ce chapitre envoûtant, nous puiserons dans les écrits des plus grands auteurs sur l'amour et les relations. Nous explorerons les enseignements d'auteurs tels que Gary Chapman, qui nous ont révélé les cinq langages de l'amour et la façon dont ils nourrissent notre lien émotionnel.

À travers des anecdotes inspirantes et des exemples concrets, nous apprendrons à exprimer notre affection par les mots et les compliments. Nous découvrirons comment choisir avec soin nos mots pour refléter notre amour profond, comment témoigner notre reconnaissance pour les qualités uniques de notre partenaire et comment cultiver un langage amoureux qui résonne au plus profond de son être.

Dans cet univers des mots envoûtants, nous explorerons les différents types de compliments qui nourrissent notre relation. Des compliments sur l'apparence physique qui embrasent le désir, aux compliments sur les réalisations et les qualités intérieures qui célèbrent l'unicité de notre partenaire, nous découvrirons comment chaque mot choisi avec amour peut créer une symphonie d'émotions et renforcer notre lien émotionnel.

Préparez-vous à plonger dans la poésie des mots d'affection, à jouer avec les sons, les rythmes et les significations pour tisser des liens intimes. Préparez-vous à exprimer votre amour avec éloquence et à nourrir votre partenaire d'une douce pluie de compliments qui nourrissent son âme et font grandir votre amour.

Dans ce chapitre envoûtant, nous découvrirons que les mots et les compliments sont des outils puissants pour nourrir le lien émotionnel dans une relation. Alors, laissez les mots danser sur votre langue et les compliments s'envoler avec légèreté, car c'est à travers ces expressions d'affection que vous construirez un véritable jardin d'amour où votre relation pourra fleurir et s'épanouir.

Partie IV : Surmonter les défis et grandir ensemble

Dans toute relation amoureuse, il existe des moments où les défis se dressent sur notre chemin, mettant à l'épreuve notre résilience et notre engagement. Ce sont ces moments précieux qui nous offrent l'occasion de grandir ensemble, de renforcer nos liens et de transcender les obstacles qui se dressent devant nous. Dans cette partie inspirante, nous explorerons le pouvoir de surmonter les défis et de grandir ensemble, en nous appuyant sur l'amour et la force de notre connexion.

Le voyage de l'amour n'est pas un long fleuve tranquille, il est souvent ponctué de montagnes à gravir, de tempêtes à traverser et de chemins inattendus. Cependant, c'est précisément dans ces moments de turbulence que notre relation peut s'épanouir et se renforcer. C'est là que notre amour est mis à l'épreuve, et que nous découvrons notre capacité à persévérer, à trouver des solutions et à grandir ensemble.

Dans cette partie envoûtante, nous puiserons dans les enseignements des auteurs renommés tels que Brené Brown et John Gottman, qui ont exploré les défis relationnels et les stratégies pour les surmonter avec succès. Leurs travaux nous guideront à travers les méandres des désaccords, des crises et des changements, en nous inspirant à trouver des solutions constructives et à nourrir notre relation en cours de route.

Nous explorerons les différentes facettes des défis relationnels, tels que la gestion du stress, la communication lors des désaccords, la gestion du temps et des responsabilités, ainsi que la gestion des changements personnels et des évolutions de la vie. Nous découvrirons des outils pratiques pour naviguer à travers ces défis, en cultivant la compréhension mutuelle, la compassion et la collaboration.

À travers des histoires inspirantes et des exemples concrets, nous apprendrons à transformer les défis en opportunités de croissance et de renforcement de notre relation. Nous découvrirons comment cultiver la résilience émotionnelle, comment maintenir une communication ouverte et respectueuse même dans les moments difficiles, et comment soutenir mutuellement nos rêves et nos aspirations.

Préparez-vous à embrasser les défis de la vie à bras ouverts, à puiser dans votre amour et votre connexion pour surmonter les obstacles qui se dressent sur votre chemin. Préparez-vous à grandir ensemble, à forger une relation solide et épanouissante qui se renforce à chaque défi relevé.

Dans cette partie captivante, nous découvrirons que surmonter les défis et grandir ensemble est le fondement même d'une relation durable et épanouissante. Alors, armez-vous de courage et d'amour, et laissez-nous explorer ensemble les merveilles de la croissance mutuelle et de l'accomplissement à travers les épreuves de la vie.

Chapitre 14 : Gérer les conflits : Résoudre les désaccords avec respect et empathie

Dans l'univers des relations amoureuses, les désaccords et les conflits font partie intégrante de notre parcours. Ils peuvent émerger de divergences d'opinions, de besoins non satisfaits ou de malentendus. Mais plutôt que de les craindre, nous pouvons les voir comme des opportunités précieuses de croissance et de renforcement de notre lien. Dans ce chapitre captivant, nous plongerons au cœur de l'art de gérer les conflits, en apprenant à résoudre les désaccords avec respect et empathie.

Les grands penseurs et experts en relations ont longuement étudié les mécanismes des conflits et les stratégies pour les résoudre de manière constructive. Parmi eux, Marshall Rosenberg, créateur de la Communication NonViolente, a tracé la voie vers une communication respectueuse et empathique dans les moments de tension. Dans ce chapitre, nous nous appuierons sur ses enseignements ainsi que sur ceux d'autres auteurs de renom tels que John Gottman pour découvrir comment gérer les conflits de manière éclairée.

À travers des récits inspirants et des exemples concrets, nous apprendrons à naviguer à travers les eaux tumultueuses des désaccords, en cultivant la compassion, l'écoute active et la recherche de solutions mutuellement satisfaisantes. Nous explorerons les différents styles de communication et les pièges courants qui peuvent exacerber les conflits, tout en découvrant des techniques de résolution de conflits qui renforcent notre relation.

Dans cet espace d'apprentissage, nous découvrirons l'importance de la gestion émotionnelle lors des conflits, en apprenant à reconnaître et à exprimer nos émotions de manière saine et constructive. Nous développerons des compétences d'écoute empathique, en nous mettant à la place de notre partenaire et en cherchant à comprendre ses sentiments et ses besoins les plus profonds.

Préparez-vous à plonger dans l'art de gérer les conflits, à explorer les chemins qui mènent à la résolution et à la réconciliation. Préparez-vous à abandonner les armes de la défensive et de l'attaque, pour embrasser les outils de la communication respectueuse et de la recherche de solutions communes.

Dans ce chapitre captivant, nous découvrirons que la gestion des conflits est un véritable art, une danse délicate entre la fermeté et la douceur, la compréhension et l'affirmation de soi.

Alors, armez-vous de courage et d'empathie, et laissez-nous explorer ensemble les merveilles de la résolution de conflits, en cultivant un terrain fertile où l'amour peut s'épanouir et grandir même dans les moments de désaccord.

Chapitre 15 : Les moments difficiles : Soutien mutuel face aux épreuves de la vie.

Dans notre voyage amoureux, il est inévitable que nous fassions face à des épreuves et des moments difficiles. Que ce soit les défis personnels, les revers professionnels ou les tragédies qui frappent notre vie, ces moments mettent à l'épreuve notre résilience et notre capacité à nous soutenir mutuellement. Dans ce chapitre révélateur, nous nous inspirerons des enseignements d'éminents auteurs pour explorer l'importance du soutien mutuel face aux épreuves de la vie.

Les grands auteurs et penseurs tels que Viktor Frankl, Elisabeth Kübler-Ross et Brené Brown ont étudié de près la façon dont nous faisons face aux moments difficiles et comment le soutien de nos êtres chers peut être une source de guérison et de croissance. Leurs écrits nous guideront dans l'art de se tenir côte à côte, de partager les fardeaux et de renforcer notre relation au travers des tempêtes de la vie.

À travers des récits émouvants et des exemples concrets, nous apprendrons à être présents pour notre partenaire dans les moments difficiles, en cultivant l'empathie, l'écoute active et la compassion. Nous découvrirons comment créer un espace sécurisant où chacun peut exprimer ses émotions et ses peines, sans jugement ni minimisation.

Dans cet espace de vulnérabilité partagée, nous explorerons les différentes façons de soutenir mutuellement notre partenaire. Des petits gestes de réconfort et d'affection qui apaisent l'âme, aux conversations profondes qui nous permettent de comprendre et d'apaiser les douleurs intérieures, nous découvrirons comment être une présence aimante et solidaire.

Préparez-vous à plonger dans les profondeurs de l'entraide et du soutien mutuel, à embrasser la vulnérabilité et à être un roc sur lequel votre partenaire peut se reposer dans les moments les plus sombres. Préparez-vous à apprendre à cultiver une relation qui se renforce face aux épreuves de la vie, où l'amour et le soutien mutuel sont des piliers solides qui nous permettent de traverser les moments difficiles main dans la main.

Dans ce chapitre révélateur, nous découvrirons que les moments difficiles sont des opportunités précieuses de renforcer notre relation et de cultiver une intimité profonde. Alors, préparez-vous à être un soutien inconditionnel pour votre partenaire, à être là dans les hauts et les bas, et à découvrir la beauté de l'amour qui grandit et s'épanouit même au milieu des épreuves de la vie.

Chapitre 16: Cultiver une relation durable : Les habitudes et les rituels qui renforcent l'amour, l'attention et l'affection.

Dans le jardin de l'amour, chaque jour est une occasion de semer les graines qui nourriront une relation durable et épanouissante. Les habitudes et les rituels que nous cultivons avec intention sont les éléments clés qui renforcent l'amour, l'attention et l'affection dans notre relation. Dans ce chapitre, nous explorerons ensemble les secrets de la cultivation d'une relation florissante, en nous plongeant dans un monde de rituels envoûtants et de pratiques intentionnelles.

Imaginez-vous dans un paysage enchanté, où chaque geste, chaque rituel est un pas de danse qui nourrit l'amour et la connexion avec votre partenaire. Les auteurs contemporains tels que Gary Chapman et Esther Perel nous guideront dans cette exploration fascinante, nous offrant des perspectives uniques sur les habitudes et les rituels qui alimentent les feux de l'amour.

Dans ce chapitre, nous découvrirons comment intégrer des habitudes quotidiennes qui expriment notre amour et notre affection de manière constante. Des gestes simples comme un baiser du matin, un message d'amour avant de se coucher, ou même une petite note d'appréciation laissée sur l'oreiller peuvent créer des moments magiques qui renforcent notre lien.

Nous plongerons également dans l'art des rituels, ces moments sacrés que nous créons ensemble pour nourrir notre relation. Des rituels de connexion profonde, comme des dîners aux chandelles ou des escapades romantiques, aux rituels de gratitude et de célébration qui honorent les moments précieux de notre parcours, nous découvrirons comment ces pratiques intentionnelles tissent les fils invisibles qui nous unissent.

Préparez-vous à vous immerger dans une symphonie de rituels envoûtants, à explorer les habitudes qui nourrissent votre amour et votre attention mutuelle. Préparez-vous à cultiver une relation où chaque jour est un festival de tendresse et de complicité, où les petites actions et les rituels intimes sont les clés qui ouvrent les portes d'un amour durable et profondément épanouissant.

Dans ce chapitre ensorcelant, nous découvrirons que les habitudes et les rituels sont les fondations d'une relation qui se renouvelle et s'épanouit au fil du temps. Alors, laissez-vous porter par la magie des habitudes bienveillantes et des rituels enivrants, et ensemble, créons une symphonie d'amour, d'attention et d'affection qui transcende les frontières du temps et de l'espace.

Conclusion : S'épanouir dans une relation durable : Récapitulation des clés pour une relation amoureuse épanouissante

Au fil des pages de ce livre, nous avons parcouru un voyage passionnant à travers les éléments essentiels qui façonnent une relation amoureuse épanouissante. Nous avons exploré les profondeurs de l'amour, de l'attention et de l'affection, découvrant les clés qui ouvrent les portes d'une relation durable et épanouissante. Alors, reprenons notre souffle et récapitulons les enseignements précieux que nous avons glanés.

Dans la première partie, nous avons plongé dans le monde de l'amour, découvrant comment cultiver une connexion profonde avec notre partenaire. Nous avons appris que l'amour véritable demande un engagement sincère et un investissement constant. Nous avons compris que l'amour grandit lorsque nous sommes disposés à nous ouvrir, à être vulnérables et à nourrir notre relation avec une affection sincère.

Dans la deuxième partie, nous nous sommes immergés dans l'art de l'attention, en comprenant l'importance de l'écoute active, des moments de qualité et de la présence attentive. Nous avons découvert que chaque interaction est une occasion de se connecter véritablement avec notre partenaire, de créer des souvenirs précieux et de cultiver une complicité profonde. Nous avons appris à être attentifs aux besoins de l'autre et à exprimer notre amour à travers des gestes significatifs.

Dans la troisième partie, nous avons exploré l'expression de l'affection, en découvrant les langages de l'amour et les différents moyens de satisfaire les besoins affectifs de notre partenaire. Nous avons compris que les gestes d'affection, les mots doux et une sexualité épanouie sont des éléments clés pour nourrir notre relation et maintenir la flamme de l'amour vivante.

Enfin, dans la quatrième partie, nous avons exploré les défis auxquels nous sommes confrontés et la manière dont nous pouvons grandir ensemble en surmontant les épreuves. Nous avons appris à gérer les conflits avec respect et empathie, à soutenir mutuellement notre partenaire dans les moments difficiles, et à cultiver des habitudes et des rituels qui renforcent notre amour et notre connexion.

En récapitulant ces enseignements précieux, nous comprenons que la construction d'une relation durable et épanouissante nécessite un engagement conscient et constant. L'amour, l'attention et l'affection sont les fondations sur lesquelles repose cette relation florissante. Chaque jour, nous avons le pouvoir de cultiver ces éléments, de les intégrer dans notre quotidien et de les nourrir avec intention.

Alors, que vous soyez au début de votre parcours amoureux ou que vous cherchiez à raviver la flamme dans une relation existante, n'oubliez pas les clés que nous avons découvertes ensemble. Cultivez l'amour avec passion, soyez attentifs aux besoins de votre partenaire, exprimez votre affection de manière sincère et soutenez-vous mutuellement face aux défis de la vie.

Je vous laisse avec cette pensée inspirante : une relation épanouissante est un jardin magique où chaque graine d'amour, d'attention et d'affection que nous semons fait fleurir un bonheur infini. Que votre voyage dans l'amour soit remplie de découvertes, de passion et de joie, et que votre relation grandisse et s'épanouisse dans une symphonie d'amour durable.

Bibliographie

- Chapman, Gary D. Les langages de l'amour : Les actes qui disent "Je t'aime". Editions Farel, 2010.

- Gottman, John, et Nan Silver. Les clés de l'amour durable. Editions de l'Homme, 2015.

- Perel, Esther. L'intelligence érotique. Editions Robert Laffont, 2007.

- Hendrix, Harville, et Helen LaKelly Hunt. Pour une relation amoureuse harmonieuse : La thérapie imago. Editions de l'Homme, 2019.

- De Botton, Alain. Comment Proust peut changer votre vie. Editions Flammarion, 1997.

- Goleman, Daniel. L'intelligence émotionnelle. Editions J'ai lu, 2014.

- Aron, Arthur. Les amants du désir : Comment vivre à deux en restant soi-même. Editions Odile Jacob, 2006.

- Schnarch, David. Réussir sa relation de couple : Une approche originale de la thérapie de couple. Editions de l'Homme, 2011.

- Rosenberg, Marshall B. Les mots sont des fenêtres (ou bien ce sont des murs). Editions La Découverte, 2015.

- Johnson, Sue. Les couples heureux ont leurs secrets. Editions de l'Homme, 2014.

Printed by Books on Demand GmbH, Norderstedt / Germany